BEI GRIN MACHT SICH IHR WISSEN BEZAHLT

- Wir veröffentlichen Ihre Hausarbeit,
  Bachelor- und Masterarbeit

- Ihr eigenes eBook und Buch -
  weltweit in allen wichtigen Shops

- Verdienen Sie an jedem Verkauf

Jetzt bei www.GRIN.com hochladen
und kostenlos publizieren

Laura Storch

Warum können NGO-Kampagnen auch gegen die Interessen mächtiger Staaten erfolgreich sein?

Vergleich der Argumente des Konstruktivismus mit denen des Institutionalismus

GRIN Verlag

Bibliografische Information der Deutschen Nationalbibliothek:

Die Deutsche Bibliothek verzeichnet diese Publikation in der Deutschen National-
bibliografie; detaillierte bibliografische Daten sind im Internet über http://dnb.d-
nb.de/ abrufbar.

Impressum:

Copyright © 2012 GRIN Verlag GmbH
Druck und Bindung: Books on Demand GmbH, Norderstedt Germany
ISBN: 978-3-656-49719-6

Dieses Buch bei GRIN:

http://www.grin.com/de/e-book/232934/warum-koennen-ngo-kampagnen-auch-
gegen-die-interessen-maechtiger-staaten

GRIN - Your knowledge has value

Der GRIN Verlag publiziert seit 1998 wissenschaftliche Arbeiten von Studenten, Hochschullehrern und anderen Akademikern als eBook und gedrucktes Buch. Die Verlagswebsite www.grin.com ist die ideale Plattform zur Veröffentlichung von Hausarbeiten, Abschlussarbeiten, wissenschaftlichen Aufsätzen, Dissertationen und Fachbüchern.

Besuchen Sie uns im Internet:

http://www.grin.com/

http://www.facebook.com/grincom

http://www.twitter.com/grin_com

Warum können NGO- Kampagnen auch gegen die Interessen mächtiger Staaten erfolgreich sein?

Vergleichen Sie die Argumente des Konstruktivismus mit denen des Institutionalismus.

Laura Storch

Semester: Wintersemester 2012/13 (3. Fachsemester)
Studiengang: Politikwissenschaft (HF)

Die Hauptakteure im internationalen Geschehen sind die Staaten – *„Akteure ohne unmittelbare Persönlichkeit"* (Maull 2000 : 369). In ihnen bündelt sich zwar ein Großteil , jedoch nicht die ganze soziale Macht :*„ Traditionell ist der Staat die wichtigste, jedoch keineswegs die einzige Form einer derartigen Bündelung sozialer Macht. Gewicht, Ausmaß und Reichweite der Machtkonzentration hängen von den jeweils verfügbaren Techniken zur Steigerung und Vervielfältigung menschlicher Einwirkungsmöglichkeiten ab"* (ebd.).

Heute ist der Staat nur noch in Ausnahmefällen deckungsgleich mit der Nation, was einen essenziellen Schwachpunkt von Staaten erzeugt , da sie *„ihre identitätsstiftende Rolle nur unzureichend auszufüllen vermögen"* (Maull 2000 : 372).Viele Staaten beharren auf ihren Souveränitätsrechten , was im heutigen Zeitalter einfach nicht mehr auf Dauer umsetzbar ist, da wir in einer globalisierten Welt leben , in der man mit anderen Staaten kooperieren und zum Großteil auf seine Souveränität verzichten muss, *„um Handlungsfähigkeit zurückzugewinnen und die Chancen der Beeinflussung wirtschaftlicher und gesellschaftlicher Entwicklungen im eigenen Lande zu verbessern"* (ebd. : 373).

Der Soziologe Daniel Bell hat nicht Unrecht mit seiner Aussage, dass der Nationalstaat für „ die kleinen Probleme zu groß und für die großen Probleme zu klein" geworden ist. Es bedarf demnach zwischenstaatlicher Kooperation *von grenzüberschreitenden Interdependenzen und der Realisierung von Wohlfahrtspotenzialen : „IGOs können also grundsätzlich überall dort entstehen, wo autonome nationalstaatliche Politiken allein nicht mehr in der Lage sind, nationale Interessen angemessen zu realisieren"* (ebd.: 374).

Die Eigenständigkeit staatlicher Akteure zerfällt zunehmend, staatliche Hoheitsrechte werden auf andere Länder übertragen, es entsteht der *„Trend zur Globalisierung"* und die *„Forderung nach breiterer Beteiligung der Regierten an der Ausübung von Herrschaft"* (ebd.: 375).

Unter NGOs versteht man non-profit Organisationen, die formal unabhängig von staatlichen Kontrollen sind und deklaratorisch Ziele verfolgen, die im Interesse der Öffentlichkeit liegen und die über eine eigene Organisationsstruktur verfügen. Sie fungieren als Sensoren der Gesellschaft, greifen vernachlässigte Themen auf und nutzen der Politik, da sie gesellschaftliche Probleme schon frühzeitig erkennen. Durch ihre weiträumigen Netzwerke und die Präsenz vor Ort können sie Entwicklungen und Fehlentwicklungen unabhängig beobachten. Sie sind Teil einer zunehmend vernetzten, zwischen Staat und Markt angesiedelten Zivilgesellschaft. Sie sind *„Akteure der privaten Sphäre"* (Franz/Martens 2006: 24) und *„verfolgen primär immaterielle (und daher nicht profit- orientierte Ziele)"* (ebd.).. Das erwirtschaftete Geld muss der *„Zielorientierung der Organisationen zu Gute kommen"*, denn

„wäre dies nicht gewährleistet, würde betroffenen NGOs [...] die Gemeinnützigkeit entzogen und sie würden wie profitorientierte Unternehmen steuerlich belastet." (ebd.).Sie vertreten das Wohl der Allgemeinheit und setzen sich für andere ein, indem sie durch *„Unterschriften, Geldspenden, ehrenamtlichen Einsatz etc. unterstützt werden."* (ebd.).

NGOs besitzen heut zu Tage einen professionalisierten und *„festen Stab von bezahlten Mitarbeiterinnen und Mitarbeitern und operieren keineswegs nur über Freiwillige oder Freizeitaktivisten"* (Franz/Martens 2006: 26). Die Gelder, welche die NGOs erwirtschaften müssen *„uneingeschränkt in die NGO zurückfließen und ausschließlich für die Arbeit der NGO genutzt werden"* (ebd.), *„sie tragen sich allein aus eigenen Mitteln [...] und nehmen keine öffentlichen Gelder an. Sie sind aufgrund zivilgesellschaftlicher Initiative entstanden und nicht durch staatliche Aktivität oder staatlichen Anreiz."*(ebd.: 40,41).

Der Bedeutungszuwachs von NGOs beruht auf ihrer Sachkompetenz, ihrer hohen Motivation und dem selbstlosen Idealismus, der die Nichtregierungsorganisationen zum Hoffnungsträger vieler Menschen macht. NGOs haben keine staatlichen Mitglieder, sondern setzen sich aus Privatpersonen und Individuen zusammen. Als private Organisationen stehen sie *„nicht unter der Kontrolle von Regierungen, sind also auch finanziell und moralisch unabhängig von ihnen und werden stattdessen nur von ihren eigenen Zielen geleitet."* (ebd.: 27).

Ihr Ziel ist es nicht etwa *„staatliche Macht"* (ebd.) zu erlangen, sondern Einfluss auf die Politik auszuüben. *„NGOs sind formale (professionalisierte), unabhängige gesellschaftliche Akteure, deren Ziel es ist, progressiven Wandel und soziale Anliegen auf der nationalen oder der internationalen Ebene zu fördern"* (ebd.: 49-50).Dadurch, dass sie das Wort „Organisation" beinhalten, unterscheiden sie sich von sozialen Bewegungen, wie z.B. Protesten, da sie nicht nur vorübergehend existieren, sondern von längerer Dauer sind.

Trotzdem konnte bis heute keine *„umfassende und allseits anerkannte internationale rechtliche Grundlage für NGOs gefunden werden"* (ebd.: 31).

Die Erfolge der NGOs in der internationalen Politik beruhen auf der Fähigkeit andere mit ihrem Handeln zu überzeugen und *„zahlreiche Individuen für gemeinsame Zielvorstellungen zu mobilisieren"* (Maull 2006 :383).NGOs übernehmen immer öfter operative Aufgaben in UN-Friedensmissionen, insbesondere in dem immer wichtiger werdenden Bereich der humanitären Hilfe, Menschenrechte und Umweltschutz. UNESCO, UNICEF und die WHO haben eigens Kommunikationskanäle für eine direkte Zusammenarbeit mit den NGOs geschaffen. Sie werden entweder als ziviler Partner oder als strikter Gegner von staatlichen

Akteuren angesehen. Man unterscheidet zwischen operativen NGOs , die konkrete Arbeit vor Ort verrichten (Katastrophenhilfe, Nothilfe, Jugend- und Sozialarbeit) und public policy NGOs , die oft durch öffentliche Initiativen und Kampagnen Einfluss auf die politische Agenda, die Problemwahrnehmung und die Entscheidungen nehmen (z.B. durch Lobbying, Monitoring, advocacy oder Sensibilisierung für Normen bzw. Aufklärung). So fließen Zielsetzungen der NGOs wie ökologische Nachhaltigkeit, Demokratie und soziale Mindeststandards heute sogar in Investitionsentscheidungen mit ein.

NGOs setzen sich für ihre Umwelt und dafür staatliche Defizite auszugleichen ein mit dem Ziel *„ progressiven Wandel und soziale Anliegen auf der nationalen oder der internationalen Ebene zu fördern"* (Franz/Martens 2006: 50) und artikulieren Anliegen und Interessen *„außerhalb der eigenen alltäglichen Lebenswelt"* (ebd.: 53). Dadurch, dass man im heutigen globalisierten Zeitalter immer mehr Informationen über die Gesellschaft und Politik in anderen Ländern mitbekommt, wurde ein *„transnationales Bewusstsein für Problemfelder geschaffen."* (ebd.).

Themen wie Atomkraft, Genderpolitik, Frieden, Menschenrechte, Nachhaltigkeit etc. mit denen sich NGOs intensiv beschäftigen gewinnen zunehmend an Bedeutung , sodass Kampagnen initiiert wurden, *„welche Widerhall bei gesellschaftlichen Gruppen und Einzelnen fanden und auch grenzüberschreitend um politische Themen herum gruppiert wurden."*(ebd.: 56).NGOs aggregieren die Anliegen einzelner Personen und verleihen diesem Handlungsbedarf Nachdruck . *„Solche Aufgaben und Funktionen erfüllen NGOs zum Teil ergänzend, zum Teil auch in Konkurrenz zu Parteien, Verbänden und sozialen Bewegungen"* (ebd.: 57).

Im Gegensatz zu Staaten , verpflichten NGOs sich nicht nur den Interessen ihrer eigenen Mitglieder, sondern denjenigen, die sich nicht selbst artikulieren können, weil ihr Land oder die Umstände, in denen sie leben dies nicht zulassen. Außerdem *„artikulieren sie Anliegen, von denen häufig nicht nur die profitieren, die sich für sie einsetzen, sondern eine weit größere Anzahl von Menschen oder sogar die gesamte Menschheit"* (ebd.).

Um aktuelle Konflikte bearbeiten zu können, sind die NGOs von zentraler Bedeutung, da sie in vielfältiger Weise in Krisen- und Konfliktregionen aktiv sind. Sie leisten entweder humanitäre Dienste, vermitteln zwischen den Konfliktparteien oder verbreiten diverse Normen und Werte.

Im **Institutionalismus** sorgen Internationale Organisationen für die Durchsetzung von staatlichen Interessen, denn Staaten sind die zentralen Akteure, welche nach absoluten

Gewinnen streben. Internationale Institutionen können Einfluss auf das Verhalten von Staaten nehmen, wobei Interdependenzen und Regime die Wirkung der internationalen Anarchie wirksam eindämmen, sodass stabiler Frieden und Kooperation möglich sind.

Dadurch, dass das internationale System durch Interdependenzen gekennzeichnet ist, können die Staaten allerdings *„zentrale Funktionen ohne die Zusammenarbeit mit anderen Staaten gar nicht, in hohem Maße unzureichend oder nur zu extrem hohen Kosten erfüllen"* (Lauth/Wagner 2009 : 142). Dies gilt für den Umweltschutz, Energieversorgung etc. – die Interdependenz schafft demnach einen hohen Bedarf an internationaler Kooperation. Eine Vielfalt von Akteuren ist also relevant für die internationale Politik, *„weil die Staaten nicht nur untereinander abhängig sind, sondern in zunehmendem Maße auch nicht- staatlicher Akteure bedürfen, um ihre Ziele effektiv zu verfolgen. Während öffentliche Akteure nach wie vor über die legitime Autorität verfügen, verbindliche Regeln zu setzen und durchzusetzen, verfügen private Akteure über Eigentumsrechte und finanzielle Ressourcen und zivilgesellschaftliche Akteure (NGOs) über Informationen sowie fachliche und moralische Autorität. In vielen Bereichen internationaler Kooperation sind Staaten auf diese Ressourcen nicht-staatlicher Akteure angewiesen".* (ebd.:144).Es bilden sich transnationale Netzwerke , welche vielseitige friedens- und kooperationsfördernde Wirkungen erzielen und dessen Teilnehmer gegenseitig Verständnis und Vertrauen zueinander aufbauen und gemeinsam Normen entwickeln: *„That NGOs are now more pervasive in international environmenmtal institutions illustrates the expansion, not the retreat of the state in addressing global environmental problems."* (Raustiala 1997 : 719).

Mittlerweile haben die Staaten die Bedeutung der komplexen und ernst zu nehmenden grenzüberschreitenden Umweltproblemen erfasst, sodass sie übereinstimmig ihre Kräfte geordnet haben und NGOs Zugang zu internationalen Umweltorganisationen gelassen haben.

„NGO Partizipation provides policy advice, helps monitor commitments and delegations, minimizes ratification risk, and facilitates signaling between governments and constituents" (ebd. 170).Der Einbezug von Nichtregierungsorganisationen ist nicht etwa zufällig, sondern basiert auf dem Zusammenfluss von staatlichen Anreizen und den Vorteilen und Fähigkeiten, welche NGOs zu bieten haben.

„NGOs are now an integral part of the negotiating process and have changed the face of international environmental law" (ebd. 721).Sie nehmen heute aktiv an Meetings teil, was früher nur Staaten durften- sie werden zunehmend eingebunden: *„They participate actively in the corridor diplomacy which is so central to negotiations , receive documents, present proposals and are consulted by and lobby delegations"* (ebd. 724).

Die Beziehung zwischen Staaten und NGOs wird oftmals als von Natur aus gegensätzlich angesehen, der Machtgewinn von NGOs würde automatisch auf Kosten der Staaten gehen.dem ist allerdings nicht so, ganz im Gegenteil, die Staaten profitieren sogar durch die Teilnahme von NGOs („*States have further parsed the diplomatic process in response tot he newly granted participation of NGOs – gaining benefits while minimizing attendant political costs and retaining substantial control over outcomes*", ebd. 733).

NGOs sind heute an der Arbeit von Gesetzentwürfen und Verträgen beteiligt , können diese sogar teilweise selbst gestalten, allerdings stehen sie in einem gewissen Abhängigkeitsverhältnis zu den Staaten, denn diese kontrollieren das Handeln von NGOs stark. "*NGO policy research permits governments to redirect scarce resources elsewhere, and provides perspectives and ideas that may not have emerged from a bureaucratic review process. Like lobbyists in an domestic setting, NGOs act as conduits for ideas and political pressures. [...] States will always engage in some policy research and development, but the activities of NGOs minimize the optimal public allocation while (usually) improving the quality of the policy idea "pool*" (ebd. 728). Den Staaten fehlt es an Engagement , richtigem Personal , Mitteln und Kapazitäten, um nötige Informationen angemessen zu erfassen und zu verbreiten. Dadurch, dass NGOs verschiedenste Bereiche vertreten, können Bewegungen in viele Richtungen erfolgen.

Trotzdem sind Staaten immernoch die Hauptakteure in der internationalen Politik:"*Rather, the diminution has primarily been in individual and corporate autonomy in favor of the broader societal interests engendered by an increasingly complex social and economic life. States, as the guarantors of diverse societal interests, remain vitally important*" (ebd. 737). NGOs können daher immer nur warnen und Druck ausüben, verbindliche Entscheidungen treffen und Politik machen müssen die Regierungen.

Beim **Konstruktivismus** ist staatliches Verhalten von Normen und sozialen Identitäten geprägt und das Handeln der Staaten sozial ausgerichtet. Er besteht aus einem dichten Netzwerk von möglichst vielen Akteuren (Staaten ,aber auch einzelne Gruppen und Individuen), die verbindliche und glaubwürdige Infos vermitteln. Frieden und Kooperation können durch die Kombination von gemeinsamen Werten und Normen in internationalen Organisationen gesichert werden .Die internationalen Systeme und dessen Strukturen sind sozial konstruiert, sprich von den Menschen selbst gestaltet. Der Konstruktivismus vertritt die Ansicht, dass ideelle Strukturen für die internationale Politik von hoher Bedeutung sind und dass Akteure im Rahmen dieser Strukturen nach speziellen Werten, Normen, oder Rollen orientieren. „*Die Akteure orientieren sich an gemeinsamen Werten, befolgen die* *gemeinsamen Normen und verhalten sich freundschaftlich und solidarisch zueinander "* (Lauth/Wagner 2009: 147).Innerhalb der Gemeinschaft lassen sich Anarchieprobleme überwinden, *„je größer die Übereinstimmung der Ideen von internationalen Akteuren und je stärker damit Gemeinschaft zwischen ihnen ist, desto höher ist die Wahrscheinlichkeit von Frieden und internationaler Kooperation "* (ebd.), es wird sich um langfristige Sozialisationsprozesse und Versuche durch Überzeugung Normen zu vermitteln bemüht.

Die NGO's sind im Konstruktivismus aktiv beteiligt, indem sie an der Diskussion über Normen und Werte teilnehmen und diese mitgestalten, da sie selbst von Werten geleitet sind. In der Weltpolitik sind sehr viele nichtstaatliche Akteure vertreten, die untereinander , aber auch mit Staaten und internationalen Organisationen agieren.*„NGOs first had to raise its profile or salience, using information and symbolic politics. Then more powerful members of the network had to link cooperation to something else of value: money, trade or prestige "* (Keck,Sikkinik 1998 :23).Sie beeinflussen Individuen und die Interessen anderer Akteure und verändern deren Verhalten . Außerdem versuchen die NGO's Strukturen zu etablieren, in denen ihre eigenen Werte widergespiegelt werden. *„In such issue areas as the environment and human rights, they also make international resources available to new actors in domestic political and social struggles "* (Keck,Sikkinik 1998 :1).

Die Netzwerke (in denen NGOs eine übergeordnete Rolle spielen) sind sich in vielen wichtigen Punkten, nämlich der Hervorhebung von Werten oder Prinzipien den Glauben an jedes einzelne Individuum und die Kreativität beim Vermitteln von Informationen ,sehr ähnlich. *„[...]The network concept travels well because it stresses fluid and open relations among comitted and knowledgeable actors working in specialized issue areas. We call them advocacy networks because advocates plead the causes of others or defend a cause or proposition [...] they are organized to promote causes, principled ideas, and norms, and they often involve individuals advocating policy changes that cannot be easily linked to a rationalist understanding of their interests "* (ebd. :8/9).

Netzwerke wollen die Staaten dazu bewegen, dass diese das, was sie sagen auch wirklich umsetzen und keine Distanz zwischen Theorie und Praxis besteht : *„[..] governments sometimes change discursive positions hoping to divert network and public attention [...] to expose the distance between discourse and practice. This is embarrassig to many governments, which may try to save face by closing that distance "* (ebd. :24).Der Erfolg von Netzwerken liegt in dem gegenseitigen Austausch von Informationen und der Inanspruchnahme von Aktivisten aus den Zielländern und denjenigen, die fähig sind institutionellen Einfluss zu erzielen. NGOs spielen eine zentrale Rolle in diesen Netzwerken, indem sie neue Ideen einbringen, genaue Informationen verbreiten, diese effektiv umsetzen und sich für politische Veränderungen einsetzen. Die Zahl der NGOs ist immens gestiegen, *„nongovernmental social change groups has increased across all issues"* (ebd. :10).

Wen ein Staat die Rechte von einigen Menschen verletzt oder nicht anerkennt, können betroffene Personen oft nicht auf die Justiz und die Politik in ihren Ländern bzw. Regionen zählen und müssen sich international vernetzen um ihre Anliegen zu vertreten und ihr Leben zu schützen. Hierbei helfen ihnen NGOs : *„domestic NGOs bypass their state and directly search out international allies to try to bring pressure on their states from outside"* (ebd. :12).NGOs verdanken ihre Popularität nicht zuletzt auch den Schwächen von repräsentativen Institutionen, dem Vertrauensverlust von politischen Parteien und verbreiteten Ohnmachtsgefühlen gegenüber bürokratischen Apparaten.

NGOs sind heute sehr erfolgreich *"by sharing information, attaining greater visibility, gaining access to wider publics, multiplying channels of institutional access, and so forth"*, sie verteidigen die Rechte von Individuen , selbst wenn diese Rechte die Aktivisten selbst gar nicht direkt betreffen. *"Network members actively seek ways to bring issues to the public agenda by framing them to innovative ways and by seeking hospitable venues. Sometimes they create issues by framing old problems in new ways.."*(ebd. :17).

 Ziele von nichtstaatlichen Akteuren sind *:"require clear, powerful messages that appeal to shared principles, which often have more impact on state policy than advice of technical experts"*(ebd., 19). Damit die Netzwerke nicht an Glaubwürdigkeit verlieren, müssen ihre Informationen zuverlässig und ordentlich dokumentiert werden („ *promoting change by reporting facts*" ebd. 19).„*Activists in networks try not only to influence policy outcomes, but to transform the terms and nature of the debate. They are not always successful in their efforts, but they are increasingly relevant players in policy debates [...] their goal is to change the behavior of states and of international organizations* "(ebd. :2). In den letzten Jahren hat es immer mehr eine Verschiebung der Macht von den Staaten hin zu wirtschaftlichen und gesellschaftlichen Akteuren gegeben , was aus „*gesteigerten Kompetenzen und Handlungsmöglichkeiten gesellschaftlicher Akteure, andererseits einer verbreiteten Krise staatlicher Autorität*" (Maull 2000 : 380) resultiert. Diese Krise entstand durch zu hohen Erwartungen an den Staat, den „*Glaubwürdigkeitsdefiziten herkömmlicher Ideologien und den leistungsschwächen, ja oft dem Versagen des Staates bei der Bereitstellung von Sicherheit und Wohlstand. Die Überlastung des Staates und die Krise staatlicher Autorität [...] birgt die Gefahr des Zerfalls von staatlichen Gewaltmonopolen*" (ebd. : 380).

Trotzdem sind Staaten unersetzlich für die Zukunft der internationalen Politik , sowie „ *das wichtigste Instrument zur Bündelung sozialer Macht auf der Grundlage von Autorität durch Identifikation und Loyalität ihrer Bürger"* (ebd.).Es gibt keine Alternative zum Staat, lediglich seine Rolle wird verändert: „*Er fungiert nicht mehr primär als letztinstanzliche, autonome Entscheidungseinheit, sondern als strategisch platzierte Vermittlungsinstanz zwischen subnationalen und supranationalen Politik- Anforderungen"* (ebd.).

Wie schon erwähnt, gewinnen wirtschaftliche und gesellschaftliche Akteure (Z.B. BINGOs / INGOs) zunehmend an Bedeutung, sodass die Zukunft aus einem „*Mit- und Gegeneinander von Staat und Gesellschaft"* (ebd.: 381) bestehen wird. „Den Überlastungsproblemen des Staates entspricht eine Tendenz zur Selbstregulierung wirtschaftlicher und sozialer Probleme *über Marktprozesse oder Prozesse gesellschaftlicher Selbstorganisation"* (ebd.). Allerdings haben individuelle Akteure nur begrenzte Möglichkeiten und „*keine Antworten auf organisierte Gewaltanwendung als Herausforderung für Sicherheit und Ordnung"* (Maull 2000 : 381).

Auf die entscheidende Frage, wer die Zukunft der internationalen Beziehungen bestimmen wird antwortet Maull, dass sie immer mehr Akteure individuell immer weniger bestimmen werden. NGOs gelten als neue Hoffnungsträger in der Weltzivilgesellschaft, die Globalisierungskrisen mit Hilfe von Demokratie, Transparenz und Gerechtigkeit effektiv bewältigen können.

Literaturliste

- Frantz, Christiane/Martens, Kerstin (2006), Nichtregierungsorganisationen (NGOs), Wiesbaden: VS, 21-61.

- Keck, Margaret E./Sikkink, Kathryn (1998), Introduction, in: Dies. (Hrsg.), *Activists Beyond Borders: Advocacy Networks in International Politics*, Ithaca: Cornell University Press, 1-38.

-Lauth, Hans- Joachim/Wagner, Christian (Hg,) (2009): Politikwissenschaft: Eine Einführung

- Maull, Hans W. (2000), Welche Akteure beeinflussen die Weltpolitik?, in: Kaiser, Karl/Hans-Peter Schwarz (Hrsg.), *Weltpolitik im neuen Jahrhundert*, Bonn: Bundeszentrale für Politische Bildung, 369-382.

- Raustiala, Kal (1997), States, NGOs, and International Environmental Institutions, *International Studies Quarterly* 41: 4, 719-740.